에베소서
새로운 삶의 체험

이성철 지음

LIVING IN FAITH SERIES
EPHESIANS

Copyright © 2004 by Cokesbury

All rights reserved.
No part of this work may be reproduced or transmitted in any form or by any means, electronic or mechanical, including photocopying and recording, or by any information or retrieval system, except as may be expressly permitted in the 1976 Copyright Act or in writing from the publisher. Requests for permission should be addressed in writing to Permissions Office, 201 Eighth Avenue, South, P. O. Box 801, Nashville, TN 37202, or faxed to 615-749-6512.

Scripture quotations in this publication, unless otherwise indicated, are taken from THE HOLY BIBLE with REFERENCE Old and New Testaments New Korean Revised Version © Korean Bible Society 1998, 2000. Used by permission by Korean Bible Society. All rights reserved.

Writer: Sung Chul Lee
Cover credit: © Chris Hellier/Corbis

Nashville

MANUFACTURED IN THE UNITED STATES OF AMERICA

차 례

제1과 그리스도 안에서의 신령한 복 5

제2과 그리스도 안에서의 새로운 존재 15

제3과 그리스도를 위하여 갇힌 자 된 바울 25

제4과 새로운 공동체인 교회의 모습 33

제5과 빛의 자녀다운 삶 41

제6과 그리스도의 가정 49

제7과 그리스도인의 영적 전쟁 57

제1과
그리스도 안에서의 신령한 복

에베소서 1:1-23

1. 성경 이해

에베소 교회의 성도들은 영적으로 풍성한 삶을 소유하고 있었으면서도 그러한 사실을 인식하지 못한 채 영적으로 빈곤하게 살고 있었다. 바울은 그러한 에베소 성도들에게 영적으로 풍성한 삶이 무엇인지를 깨우쳐 주기를 원했고, 또 영적으로 풍성한 삶을 살기를 원해서 편지를 썼다.

인사말 (1:1-2)

바울의 인사말 속에는 두 가지 중요한 요소가 항상 들어있다. 하나는 자신의 사도권을 강조하는 것이고, 다른 하나는 수신자들에게 하나님의 은혜와 평강을 비는 인사말이다. 바울은 자신이 하나님의 뜻으로 예수 그리스도의 사도가 되었다고 말하는데, 이는 자랑이 아니라 자신을 사용하시는 하나님에 대한 전적인 신뢰요, 하나님의 뜻에 의해서 자신에게 주어진 새로운 사명에 대한 분명한 확신인 것이다. 그리스도인은 자신을 구원하고, 자신을 들어 쓰시는 하나님에 대한 분명한 인식이 있어야 하고, 하나님께서 부르신 그 부르심의 목적을 분명히 인식하고 있어야 한다.

그리고 바울은 하나님의 은혜와 평강을 빌었다. 은혜는 하나님께서 인간에게 값없이 주시는 사랑의 선물을 말하고, 평강은 이러한 하나님의 은혜로 이루어지는 삶의 결과를 말한다. 바울이 하나님의 은혜와 평강을 편지의 서두와 말미에 사용하는 이유는 하나님의 은혜와 평강이 사람들에게 있어야 할 가장 귀한 보화요, 이 보화가 오직 그리스도 안에서만 주어지는 것임을 강조하기 위해서다.

그리스도 안에서 주어진 신령한 복 (1:3-14)

바울이 3절에서 사용한 "찬송하리로다"라는 말은 하나님께 감사를 표현할 때만 사용하는 단어로써 하나님은 *찬송을 받으실 가치가 있는* 분이라는 뜻이다. 진실로 하나님만이 찬송을 받으실 유일한 분이시다.

하나님의 백성이 된 그리스도인은 모든 삶을 통해서 하나님께 찬송을 드려야 하는데, 바울은 하나님께 찬송을 드려야할 분명한 이유를 친절하게 가르쳐 주고 있다. 하나님께 찬송을 드려야 할 가장 중요한 이유의 내용으로 바울은 성도들에게 주어진 "신령한 복"을 말한다. 하나님은 복의 근원이시요 복의 공급자이시다.

우리가 소원하는 복을 크게 두 가지로 나눌 수 있다. 하나는 *일반적인 복*이요, 다른 하나는 *신령한 복*이다. 일반적인 복이란 이 땅에서만 필요한 세상적인 복이라 할 수 있다. 건강, 부요함, 출세, 힘, 명예 등이 이러한 복에 속한다. 이러한 복이 모두 다 잘못된 것은 아니다. 이러한 복도 하나님께서 주셨고 앞으로도 주실 것이다. 그러나 이러한 복은 하나님께서 주신 것이라 하더라도 언제인가는 변화되고 소멸되는 일시적인 복이다. 그런데 대부분의 신앙인들은 이러한 복에 너무나 집착되어 있다. 그 이유는 이 복은 눈에 보이는 복이요, 손에 잡히는 복이요, 세상적으로 자랑할 수 있는 복이기 때문이다.

그러나 성숙한 신앙인은 일반적인 복과는 다른 "신령한 복"을 더욱 사모하며 살아가야 한다. "신령한 복"이란 오직 그리스도만을 통해서 얻어지는 복으로써 온전히 하늘에 속한 복이요, 성령님의 역사하심을 통해서 얻어지는 복을 말한다. 건강이나, 부유함이나, 지식과 지혜의 풍요함, 또 권력 등은 하나님의 백성에게만 주어지는 것이 아니다. 하나님의 백성이 아닌 세상에 속한 사람들도 건강할 수 있고, 부유할 수 있고, 지혜로울 수 있다. 그러나 예수 그리스도 안에서만 얻어지는 복이 있다. 오직 하늘에만 관련된 복이 있다. 성령님의 역사하심 없이는 얻을 수 없는 복이 있다. 이러한 복을 "신령한 복"이라고 바울은 부르는 것이다. 사도 바울이 말하는 "신령한 복"을 다음과 같이 세 부분으로 나눌 수 있다.

1. 하나님의 은혜로운 계획 (3-6절)

"신령한 복"은 하나님의 은혜로 계획된 것이다. 하나님께서 계획하신 것을 강조하기 위하여 바울은 예정과 선택이라는 단어들을 사용한다. 이것들은 논란과 오해가 많은 신학적 개념이다. 그러나 감사한 것은 이 이론의 이해에 따라서 우리가 구원받는 것이 아니라, 구원은 오직 믿음으로만 얻어지는 것이라는 사실이다. 영국의 명설교가 로이드 존스 목사는 "이러한 이론들이 우리의 믿음생활에 영향을 미치는 것은 사실이지만 그러나 이러한 이론들이 구원에 영향을 미치는 것은 아니기에 하나님께 감사하여야 한다. 예정론을 강하게 주장하는 요나단 에드워드나 죠지 휫필드가 이와 반대의 견해를 피력한 존 웨슬리와 함께 하늘에 있을 것을 확신한다"고 했다.

바울은 예정과 선택이라는 단어들을 구원자이신 하나님의 주도권적인 계획을 강조하기 위하여 사용하였다. 구원은 하나님으로부터 시작되고, 하나님의 손에 의해서 진행되고, 완성되는 것이다. 우리는 구원의 길을 미리 열어 놓으신 하나님의 은혜에 믿음으로 응답하면 된다.

2. 예수 그리스도를 통한 구속 (7-12절)

"신령한 복"은 그리스도의 피로 말미암아 얻은 구속이다. 다윗은 성령의 감동으로 이런 고백을 했다. "허물의 사함을 받고 자신의 죄가 가려진 자는 복이 있도다" (시편 32:1). 우리에게 내려진 복 중의 복은 하나님으로부터 죄사함 받는 것이다. 죄사함 없이는 그 누구도 복의 근원이신 하나님을 만날 수 없고, 그 누구도 하나님과 영생의 삶을 누릴 수 없기 때문이다. 인간은 다 죄인이다. 그러므로 모두 다 죄사함을 받아야 한다. 그러나 모두 다 죄사함을 받는 것은 아니다. 하나님께서 베풀어주신 은혜의 사건, 즉 그리스도 예수의 십자가에서의 대속적인 죽음을 믿는 사람만 죄사함을 받는다. 믿음으로 주 예수를 영접하는 사람만 구속이라는 신령한 복을 누리게 된다.

3. 성령을 통한 인치심 (13-14절)

"신령한 복"은 성령의 인치심을 통하여 얻어지는 것이다. 죄인 된 우리가 예수님을 구세주로 믿게 되는 것은 성령의 도움이 아니고서는 불가능하다. 우리가 성령의 도움을 받아서 예수님을 구주로 고백하는 순간에 성령은 그 고백자 안에 거하시게 된다. "성령으로 아니하고는 누구든지 예수를 주시라 할 수 없느니라"(고린도전서 12:3). 성령이 거하지 않는 인생은 구원받은 자녀가 아니다. 그래서 바울은 "너희가 하나님의 성전인 것과 하나님의 성령이 너희 안에 계시는 것을 알지 못하느냐"(고린도전서 3:16)라고 말한 것이다.

성령의 도움으로 예수님을 주로 고백하는 자에게는 성령이 함께 거한다. 바로 이 상태를 "성령으로 인치심을 받았다"라고 말한다. "인침"의 본래 뜻은 *인봉, 승인, 진짜임을 증명, 그리고 소유권의 확인* 등을 뜻한다. 이러한 의미에서 하나님께서 그리스도 안에 있는 성도들을 성령으로 인치신다 함은 다음과 같은 뜻을 가지고 있다.

◆ *인치심은 신분의 확인을 뜻한다.*

우리가 목장에서 볼 수 있는 것과 같이 동물의 몸에 새겨진 화인이나 귀에 부착된 번호표만 보아도 그 소의 소유주나 그 소에 관한 모든 정보를 얻을 수 있다. 이와 같이 하나님께서는 우리 안에 성령을 거하게 하셔서 우리가 하나님의 자녀 된 신분을 확신케 하시고, 그 신분답게 살아가게 하시는 것이다. 성령으로 인치심을 받은 자만이 하나님의 자녀이다. 성령께서 내 안에 계시다는 것은 *나는 하나님의 자녀이다* 라는 신분증인 것이다.

◆ 인치심은 안전을 뜻한다.

그 누구도 성령의 인치심으로 받은 안전을 파괴할 수 없다. 예수께서도 이 진리를 분명하게 말씀하셨다. "내가 그들에게 영생을 주노니 영원히 멸망하지 아니할 것이요 또 그들을 내 손에서 빼앗을 자가 없느니라 그들을 주신 내 아버지는 만물보다 크시매 아무도 아버지 손에서 빼앗을 수 없느니라"(요한복음 10:28-29).

◆ 인치심은 보증을 뜻한다.

바울은 고린도후서 5:5에서 하나님께서 "보증으로 성령을 우리에게 주셨다"고 말하였다. 여기에서 "보증"이란 쉽게 말해서 보증금과 같은 의미다. 성령님이 주시는 보증은 영원히 변치 않는 보증이다. 그것도 하나님의 백성이 누릴 기업에 대한 보증이다. 하나님의 자녀들은 하나님의 은혜로 하나님의 기업이 되었다. 우리의 기업은 썩지 않고 더럽지 않고 쇠하지 아니하는 기업이다 (베드로전서 1:4). 이러한 복된 기업을 우리 모두는 미래에 반드시 온전히 누리게 될 것이다. 이것을 보증하는 보증서가 성령님의 인치심이다.

오늘날 믿는 자들의 대부분이 경험하는 갈등과 상처는 우리에게 이 "신령한 복"이 이미 주어져 있음에도 불구하고 이 사실을 망각한 채 이 땅에서 얻을 수 있는 복에만 관심이 집중되어 있기에 발생되는 것이다. 우리는 하나님의 은혜로 예수 그리스도 안에서 인치심을 받고 구원을 받아 하나님의 자녀가 되었다. 그래서 우리는 고아가 아니다. 하나님께서 우리의 아버지가 되셨고, 우리는 예수 그리스도의 보혈로 깨끗함을 받은 거룩한 성도가 되었기 때문이다.

이 땅에 속한 복만을 귀하게 여기는 인생에게는 항상 불안과 걱정이 끊길 날이 없을 것이다. 건강할 때는 감사요, 병약할 때는 걱정과 불평일 것이다. 부요할 때는 감사요 기쁨이지만, 가난할 때는 걱정과 불평일 것이다. 인정받을 때에는 감사와 행복이지만, 버림받을 때에는 상처와 미움일 것이다. 그러나 신령한 복을 제일로 여기고 살아가는 성숙한 신앙인들은 그와 같은 삶을 살지 않는다. 부요해도 사치하지 않고 방탕치 않으며, 가난해도 비굴하거나 낙심치 않는다. 넘치는 지식의 힘에도 교만하지 않고, 부족한 지식에도 열등감을 갖지 않는다. 강건한 힘에도 섬기려고 애쓰며, 다스림을 받아도 상처받지 않는다.

사도 바울이 빌립보서 4:11-13에서 고백한 것처럼 "신령한 복"을 누리며 살아가는 성숙한 신앙인들은 모든 형편에 자족할 줄 아는 능력을 얻게 된다. "신령한 복"은 하나님께서 주시는 복 가운데서 빛과 같은 복이다. 물도 공기도 오염되거나 부패되지만 빛만큼은 오염되지도 부패되지도 않는다. 물과 공기는 가두어 둘 수가 있지만 빛은 가두어 둘 수가 없다. 신령한 복을 누리고 사는 하나님의 자녀들은 이와 같은 정결한 삶을 살게 되고 얽매이지 않는 참 자유의 삶을 누리게 되는 것이다.

바울의 기도 (1:15-23)

바울은 에베소 교회 성도의 신앙과 사랑이 자라나고 있다는 소식을 듣고 감사기도를 하고 (15-16절), 하나님이 주시는 지혜의 영과 (17-19절), 하나님께서 예수님이 그리스도가 되게 하신 것을 감사했다 (20-23절).

1. 감사의 마음 (15-16절)

감사가 없는 기도는 불평이요 넋두리다. 모든 기도는 기도를 들으시고 응답하시는 하나님께 대한 감사의 마음으로 시작되어야 한다 (빌립보서 4:6). 이웃이 잘 될 때에도 감사할 수 있는 열려진 마음이 있어야 한다.

2. 기도 내용 (17-23절)

바울은 하나님께서 에베소 성도들에게 "지혜와 계시의 영"을 주셔서 다음과 같은 세 가지를 알기를 기도했다. 여기에서 "지혜와 계시의 영"은 곧 성령을 말한다 (고린도전서 2:10; 12:8).

◆ *하나님의 부르심의 소망을 아는 것이다 (18절).*
성도들은 하나님의 부르심의 목적을 분명히 알아야 하고 동시에 그 부르심으로 인하여 얻어진 미래의 소망이 무엇인가도 알아야 한다.

◆ *성도가 받을 영광스러운 하나님의 기업이 무엇인가를 아는 것이다 (18절).*
성도들은 하나님의 백성이 될 때에 어떤 특권과 책임이 주어지는가를 분명하게 알아야 한다 (로마서 8:17).

◆ *하나님의 크신 능력을 아는 것이다 (19절).*
성도들은 삶 속에서 하나님의 크신 능력을 알고 체험해야 한다. 바울은 특히 하나님께서 그의 능력으로 죽으신 예수 그리스도를 다시 살리시고 높이셔서 우주적인 그리스도가 되게 하셨고 또한 교회의 머리가 되게 하신 것을 성도들이 알기를 기도했다 (20-23절).

2. 생활 속의 이야기

내가 아는 한 신앙인이 있다. 그는 신실하고 성실한 신앙인이다. 교회에서나, 가정에서나, 사회에서나 항상 인정받는 사람이다. 그런데 어느 주일 예배가 끝난 후에 그가 나를 찾아왔다. 오늘 설교가 마음에 들지 않았다는 것이다. 그 이유는 천국에 대한 설교였기 때문이었다는 것이다. 이 땅에서 예수님 잘 믿고, 열심히 살아서 부자가 되고, 그리고 좋은 일도 많이 하라는 설교가 필요하다는 것이다. 그런데 천국에 대한 설교는 신앙인들이 현실감각을 잃게 하는 위험이 있다는 것이다. 나는 큰 충격을 받았다. 내 설교가 무시당한 충격이 아니었다. 자랑스럽게 생각해 왔던 한 신앙인에 대한 실망감 때문이었다. 그는 구원을 확신하는 신앙인이면서도 땅만 보고 산 사람이었다. 그리스도 안에서 하나님께서 주시는 이 땅의 복들만 바라보고 산 반쪽 신앙인이었다.

하나님께서 주시는 건강, 부요함, 사회적인 출세 등도 그리스도인들이 소망할 수 있는 복들이다. 그러나 여기에만 머물러서는 안 된다. 하늘에 속한 신령한 복을 먼저 소망하고 그 자리까지 나아가야 한다. 정확히 말해서 신령한 복만으로도 만족할 수 있어야 한다. 바로 여기에 그리스도인의 자유가 있고 평안이 있는 것이다. 대부분 많은 신앙인들이 때로 쉽게 넘어지고 쓰러지는 이유가 신령한 복을 바라보고 소망하는 자리에까지 나가지 못하기 때문이다.

하나님의 자녀들은 이 땅에서만 누릴 수 있는 복들보다도 하늘에서까지도 누릴 수 있는 신령한 복들이 더 가치 있고, 그 가치가 영원한 것임을 확신해야 한다.

3. 묵상을 위한 질문

(1) 나는 그리스도 안에서 구원을 받았는가? 구원을 받은 사람으로서의 나의 모습은 어떻게 나타나야 하는가?

(2) 눈에 보이지 않는 신령한 복이 눈에 보이는 이 땅의 복보다 우리를 더 복되게 하는가? 그 이유는 무엇인가?

(3) 지금 내가 가장 감격적으로 경험하고 있는 신령한 복은 무엇인가?

(4) 성도들이 받을 영광스러운 기업과 이 땅에서의 부귀 영화는 어떤 차이가 있는가?

4. 결단에의 초청

그리스도 안에서 하나님의 은혜로 구속함을 받은 하나님의 자녀들은 신령한 복을 받은 자들입니다. 귀한 보화들이 자신 안에 주어져 있음을 망각하지 말아야 합니다. 신령한 복만이 우리를 참으로 자유케 하고 강건케 하는 것임을 확신해야 합니다. 따라서 발은 이 땅을 밟고 있지만, 눈은 저 높은 곳을 항상 바라보아야 합니다 (골로새서 3:1). 무가치하고 허망한 것에게 시간과 마음과 힘을 쏟아서는 안 됩니다. 가치 있고 보람 있고 소망이 있는 신령한 일에 마음과 정성을 쏟아야 합니다.

제2과
그리스도 안에서의 새로운 존재
에베소서 2:1-22

1. 성경 이해

바울은 에베소서 2장에서 그리스도를 알지 못했을 때의 삶과 그리스도를 알게 되었을 때의 삶을 비교한다. 그러면서 그는 그리스도 안에서 영적 은혜를 베푸시는 하나님의 사랑을 생생하게 증거한다.

하나님의 은혜로 그리스도 안에서 새 생명을 얻은 그리스도인들은 하나님의 부르심에 계속 응답하며 내적으로 성령의 열매를 맺으며 사는 사람들이다. 바울은 이러한 하나님의 은혜로 인하여 죽음에서 생명으로, 분리에서 화합으로, 그리고 하나님이 거하시는 거룩한 처소로 지어져 가는 성도들의 새로운 모습을 잘 설명하고 있다.

바울은 2장에서 "너희"와 "우리"라는 단어를 대조적으로 사용한다. "너희"는 이방인을 말하고 "우리"는 유대인을 말한다. 바울이 이 두 단어를 함께 사용하는 이유는 이방인에 대한 하나님의 은혜를 말하고자 하는 이유도 있지만, 그보다는 이 양자가 그리스도 안에서 궁극적으로 하나로 연합되었음을 강조하기 위함이다. 즉 연합의 중요성과 연합을 통한 화평의 가치를 강조하고자 함이다.

그리스도 안에서 얻어진 새 생명 (2:1-10)

바울은 그리스도 안에서 하나님의 은혜로 얻어진 새 생명의 삶을 강조하기 위해서 그리스도 밖에 있었던 과거의 모습과 그리스도 안에서 얻어진 구원받은 새로운 삶의 모습을 대조하고 있다.

1. 허물과 죄로 죽었던 과거의 우리 (1-3절)

바울은 인생 모두가 죽었었다고 단언한다. 앞으로 죽을 것이 아니라, 그리스도 밖에 있으면 지금 죽어 있는 상태라는 것이다. 그런데 허물과 죄로 죽었다는 것은 죄로 인하여 하나님과 분리된 영적 죽음을 말한다. 이 영적 죽음은 결국 우리의 육체의 소멸과 정신의 소멸을 언제인가 맞이하게 할 뿐만 아니라, 그 후에 영원한 형벌의 삶을 가져오게 한다. 바울은 우리가 영적으로 죽어 있었던 과거의 삶의 특징을 다음과 같이 말한다.

◆ *"세상 풍조를 따르고" (2절)*
영적으로 죽어 있는 사람들의 특징은 당연히 세상 풍조를 따라 살아가게 되어 있고, 그러한 삶이 살아있는 삶이라고 착각한다. 여기에서 바울이 말하는 세상이란 세속적이고 부패한 세상 풍조만을 말하는 것이 아니라, 하나님을 떠난 모든 것, 즉 하나님을 거부하는 모든 세력들을 말한다. 따라서 우리 인생은 두 부류 가운데 하나일 것이다. 하나님께 속한 인생이 아니면, 세상에 속한 인생일 것이요, 하나님을 따르는 인생이 아니면, 세상을 따르는 인생일 것이다.

◆ "공중의 권세 잡은 자를 따랐으니" (2절)

영적으로 죽어 있는 사람의 특징은 세상을 지배하는 영적 세력과 관련이 있다. 세상을 지배하는 영적 세력은 하나님의 적이기도 하지만 하나님의 백성의 적이기도 하다. 이들은 곧 사탄과 사탄을 추종하는 악한 영들이다. 바로 이들이 죽은 자들을 다스리고 죽은 자들이 세상과 자신의 육체의 욕심대로 살도록 엄청난 힘으로 역사한다. 오직 하나님의 은혜로 신령한 복을 받아 하나님의 백성 된 자들만이 사탄과 그의 추종자들이 하나님의 적이며 우리 인생들의 적임을 안다.

◆ "육체의 욕심을 따라" (3절)

영적으로 죽어 있는 사람의 또 다른 특징은 "육체의 욕심을 따라 지내며 육체와 마음의 원하는" 대로 행동하는 것이다. 바울이 말하고자 하는 "육체"란 죄의 상태 안에 있는 인간의 본성, 성령의 역사를 거슬리는 인간 안에 있는 모든 것들을 말한다. 즉 하나님과 인간의 관계를 단절시키는 모든 인간의 본능을 말한다. 이 육체의 욕심이 곧 허물과 죄를 만드는 가장 강력한 요소이며, 악한 사단은 이 육체의 욕심대로 살도록 우리들을 집요하게 공격하고 유혹한다. 바울은 갈라디아서 5장 17절에서 "육체의 소욕은 성령을 거스르고 성령은 육체를 거스르나니 이 둘이 서로 대적함으로 너희가 원하는 것을 하지 못하게 하려 함이니라" 하고 분명하게 선을 그었다.

◆ "본질상 진노의 자녀이었더니" (3절)

바울은 죄와 허물로 죽었던 인생 모두가 본질상 진노의 자녀라는 것이다. "본질상"이란 우리가 태어날 때부터 타고난 지울 수 없는 원죄의 영향력을 말한다.

2. 그리스도 예수 안에서의 새로운 삶 (4-10절)

이제 바울은 현재로 방향을 바꾼다. 성도들은 더 이상 진노의 대상이 아니다. 하나님의 사랑으로 말미암아 그리스도 안에서 구원을 받아 새 생명을 얻었기 때문이다.

◆ *"긍휼이 풍성하신 하나님이" (4절)*

바울은 죄와 허물로 죽었던 우리들이 그리스도 안에서 구원을 받아 새 생명을 얻게 된 것이 우리를 사랑하시는 하나님의 은혜 때문이라고 증거한다. 구원은 하나님의 선물(8절)이라는 바울의 가르침은 인간을 향한 하나님의 사랑의 질뿐만 아니라, 구원이 처음부터 하나님의 주도적인 행위임을 강조하는 것이다.

◆ *"허물로 죽은 우리를 그리스도와 함께 살리셨고… 또 함께 일으키사 그리스도 예수 안에서 함께 하늘에 앉히시니" (5-6절)*

바울은 우리의 삶의 변화를 "그리스도와 함께"(5절)라는 구절을 사용하여 설명한다. 이 구절은 죽음의 권세를 다스리시는 하나님의 능력을 말해줄 뿐만 아니라 그리스도와 우리가 연합된 삶을 강조하고 있다.

그리스도를 믿는 사람은 죽음의 권세를 깨뜨리시는 하나님의 능력을 경험하게 되고, 아울러 그리스도와의 연합도 경험하게 된다. 그리스도를 믿는 사람은 그리스도와 하나가 된다. 이는 그리스도 없이 하나님의 은혜도 없음을 말할 뿐만 아니라, 그리스도의 운명이 곧 성도들의 운명이 된다는 사실을 말한다.

◆ *"선한 일을 위하여… 행하게 하심이라" (10절)*

하나님의 은혜를 강조하는 바울의 가르침이 때로는 잘

못 이해될 수 있다. 은혜의 강조가 때로는 성도의 무질서한 행동을 허락하는 것으로 오해될 수 있기 때문이다. 그래서 바울은 새로운 삶이 시작되었다면 선한 일을 행하라고 권면한다. "…이 일은 하나님이 전에 예비하사 우리로 그 가운데서 행하게 하려 하심이니라"(10절). 하나님께서 예비하셨다는 말씀에 귀를 기울여야 한다. 이는 하나님께서 선한 일을 행하도록 계획하셨다는 뜻이요, 또한 행할 수 있는 능력까지도 주셨다는 뜻이다. 예수 그리스도 안에서 새롭게 지음 받은 그리스도인들은 선한 일을 행할 수 있다.

우리의 화평이신 그리스도 (2:11-18)

지혜로운 신앙인은 과거를 잊어서는 안 된다. 이는 과거에 집착하라는 말이 아니라, 과거에서 새로운 삶을 지음 받게 하신 그리스도의 사역을 항상 기억하라는 말이다.

1. 과거를 생각하라 (11-12절)

바울은 현재에 누리는 신령한 복된 삶을 위하여 과거의 모습을 생각하라고 권면한다. 과거에 대한 생각과 기억은 오늘 누리고 있는 하나님의 은혜에 대한 감사를 일으키게 하는 활력소요, 미래에 이루어질 하나님의 약속을 믿게 하는 원동력이 되기 때문이다.

바울은 "그 때"라는 시간적인 단어를 먼저 사용했다. "그 때"는 예수 그리스도를 알지 못했던 때, 즉 그리스도 밖에 있었던 때를 말한다. 사도 바울은 우리가 그리스도

밖에 있었을 때는 "육체로 이방인"이었다고 지적한다. "육체로 이방인"이란 말은 혈통적으로만 유대인과 다른 이방인이 아니라, 무식과 무종교의 백성들로서 하나님의 종교적인 특권을 갖지 못한 사람들을 의미한다. 바울은 한 걸음 더 나아가서 11절과 12절에서 이러한 이방인의 여섯 가지 특징을 말한다. (1) 할례를 받지 않은 무리: 하나님의 백성으로서의 표시가 없다. (2) 그리스도 밖에 있는 자: 그리스도와 무관한 자. (3) 이스라엘 나라 밖의 사람: 이스라엘이 누린 하나님의 복에서 제외된 사람. (4) 약속의 언약들에 대하여 외인: 하나님의 약속된 복들에 대해서는 무관한 자. (5) 세상에서 소망이 없는 자: 구원의 문제뿐만 아니라 삶의 모든 부분에서 소망이 없는 자. (6) 하나님도 없는 자: 무신론자를 말하는 것이 아니라, 하나님을 믿지 않는 모든 사람. 이방인이 가지고 있었던 이러한 여섯 가지의 비극적인 모습은 "그리스도 밖에" 있었기 때문에 얻어진 삶의 결과였다.

2. 화평케 하신 그리스도 (13-18절)

바울은 우리의 과거를 이야기한 다음 "이제"라는 단어를 통해서 우리들의 현재의 모습을 가르쳐 준다. "이제"는 하나님의 은혜로 예수 그리스도 안에서 새로운 피조물이 된 후를 말하는 것이다.

바울은 그리스도의 십자가의 사건이 우리들의 삶의 변화의 유일한 근거임을 강조한다. 하나님은 "그리스도의 피"로 새 창조의 역사를 이루셨다. 하나님은 그리스도를 통해 유대인과 이방인들을 자신과 화해시킴으로써 예전의 모든 편견과 차별과 분리를 철폐하셨다. 마침내 그리스도 안에서 이방인과 유대인이 하나로 된 하나님의 새 공동체를 하나님은 만드신 것이다. 그리스도는 이러한 하나님의 일을 두 가지 방법으로 완성하셨다.

◆ *"막힌 담을 자기 육체로 허셨다"* (14절)

"막힌 담"은 문자적으로는 이방인의 뜰과 유대인들이 드나들던 안마당 사이를 갈라놓은 성전의 담을 말하고, 은유적으로는 유대인과 이방인 사이에 존재하고 있었던 종교적, 인종적 장벽, 적대감을 말한다. 그리스도가 "자기 육체로" 즉 십자가의 죽음으로 이 장벽을 무너뜨리셨다.

◆ *그리스도는 "법조문으로 된 계명의 율법을 폐하셨다"* (15절)

이스라엘은 특이하게 "언약들과 율법을 세우신 것과 예배와 약속들이 있었는데" (로마서 9:4), 이 율법은 이스라엘과 이방인의 분리를 요구하였다. 그런데 그리스도가 오셔서 "모든 믿는 자에게 의를 이루기 위하여 율법의 마침이 되심"으로써 (로마서 10:4), 율법이 더 이상 차별의 도구로 사용될 수 없게 되었다. 그리스도 안에서 율법이 폐하여 짐으로써 새로운 공동체가 만들어지는 새 창조가 이루어졌다. 그리스도는 참으로 우리의 화평이시다.

3. 하나님의 새로운 공동체인 교회 (19-22절)

인류는 본래 하나였다. 그러나 인간의 타락 이후(창세기 3장)에 인류는 분리되고 말았다. 특히 하나님께서 모든 사람들을 구원하기 위해서 먼저 선택하신 이스라엘과 이방인의 분리와 적대감은 대단한 것이었다.

그런데 그리스도가 이 땅에 오셔서 십자가에 죽으심으로써 이러한 모든 문제는 다 소멸되었고, 새로운 피조물인 하나님의 자녀들이 탄생되었고, 나아가서 하나님의 자녀들로 이루어진 새로운 공동체인 교회가 탄생되었다.

그리스도는 교회 안에서 모든 사람을 하나님과 먼저 화해시키시고 또한 서로 서로 화해시키셨다. 그러므로 교회는 화해된, 그리고 화해시키는 새로운 하나님의 공동체이다 (고린도후서 5:17-21). 그리스도의 십자가로 세워진 교회 안에서 모든 사람은 하나님의 권속(가족)이요 성도요 하늘나라의 시민이 된다.

특별히 바울은 교회를 건축물에 비교해서 새로운 공동체의 특성을 지적했다. 교회가 하나의 건물, 즉 하나님이 거하시는 성전이라면, 그리스도는 그 건물의 "모퉁잇돌"이다. "모퉁잇돌"은 건물의 형세와 구조물 각 부분의 결속상태를 좌우한다. 이는 그리스도가 교회의 근본이시요, 교회가 성장하는 원동력임을 말하는 것이다. 오직 교회는 그리스도를 의지하고 힘입어서 하나님이 거하시는 성전으로, 하나님의 권속으로 자라나게 된다. 따라서 교회는 그리스도를 드러내야 하고 그리스도를 닮아가야 한다.

2. 생활 속의 이야기

주유소를 운영하는 장로님 한 분이 계셨다. 그는 교회의 모든 일에 앞장서는 믿음도 좋고, 재력도 있는 장로로 소문이 났다. 그런데 그의 주유소에는 그를 돕는 두 청년이 있었다. 갑이라는 청년은 믿음이 좋았고, 을이라는 청년은 예수님을 믿지 않았다.

그는 교회의 모든 행사에 항상 갑과 동행했다. 따라서 을은 그 때마다 갑을 대신해서 더 많은 시간을 일해야 했다. 특히 주일날에는 항상 을 혼자서 일을 해야 했다. 그럼에도 그는 을에게는 봉급을 더 주지 않았다. 그 이유는 을이 한국 사람이 아닌 멕시코 사람인 데다가 믿음이 없다는 이유에서였다. 그리고 그 정도로 을을 무시해도 조금도 문제될 것이 없다는 배짱이었다. 교회의 성도들과 갑이라는 청년에게서 그는 훌륭한 장로로 인정을 받았지만 을에게서는 정반대였다. 사실은 그도 을이 자기를 보는 마음을 알고는 있었지만 한 푼이라도 더 벌어야 한다는 욕심과 믿음이 없는 사람은 푸대접받아도 된다는 자신의 잘못된 고집으로 그를 무시하고 만 것이다.

그러던 어느 날 그 장로님은 하나님의 은혜로 예수님을 새롭게 만나는 체험을 하게 되었다. 그는 그리스도 안에서 다시 한번 새롭게 지음을 받았다. 믿음이 변했고, 생각이 변했다. 무엇이 선한 것이고, 무엇이 악한 것인지를 진실로 깨닫게 되었다. 그는 교회의 지도자들 앞에서 자신의 어리석었던 모습을 고백하고 용서를 빌었다. 물론 을에게도 용서를 빌었다.

그 장로님은 자신의 주유소를 팔아서 을을 위하여 조그마한 구멍가게를 사주고, 자신은 하나님의 일에 전념하기로 결심했다. 그는 그리스도 안에서 하나가 되게 하신 하나님의 은혜를 뒤늦게 깨닫게 된 것이다. 비로소 무엇이 선한 일인지를 깨닫게 되었고, 자신이 선한 일을 하도록 자신이 지음을 받았다는 사실에 감격한 것이다. 그는 우리의 화평이신 그리스도를 통해서 새롭고 복된 삶을 시작한 것이었다.

3. 묵상을 위한 질문

(1) 지금 우리 교회가 관심을 두고 해야 할 선한 일들은 무엇이라고 생각하는가?

(2) 유대인과 이방인이 가지고 있는 적대감만큼이나 심각한 적대감들이 오늘날 우리 사이에도 존재한다. 우리 성도들이 그리스도 안에서 무너뜨려야 할 심각한 분리와 적대감들은 무엇인가?

(3) 교회가 하나님의 한 권속(가족)됨을 지속적으로 유지하기 위해서 어떤 자세가 필요한가?

4. 결단에의 초청

우리는 하나님의 은혜로 그리스도 안에서 선한 일을 행하는 새로운 피조물로 새롭게 지음을 받았습니다. 그러므로 새로운 피조물다운 삶을 살아가야 합니다. 이를 위해서 그리스도 밖에 있었을 때에 따랐던 육체의 욕심들을 성령님의 도우심으로 먼저 잘 다스려야 하고, 새롭게 지음 받은 자신의 가치를 망각하지 말아야 합니다.

또한 하나님의 새로운 공동체인 교회가 그리스도의 이름을 높이는 교회가 되기를 진실로 열망해야 합니다. 그렇지 아니하고서는 우리 자신들과 교회 안에 참다운 평안과 기쁨이 있을 수 없을 것입니다. 지금 하나님께서는 당신에게 이러한 귀한 삶을 살 수 있는 기회를 주셨습니다.

제3과
그리스도를 위하여 갇힌 자 된 바울
에베소서 3:1-21

1. 성경 이해

3장은 1-13절과 14-21절로 나뉘어진다. 1-13절은 하나님의 계획 안에서 자기에게 주어진 사명에 대한 바울의 증거요, 14-21절은 에베소 성도들을 위한 간절한 바울의 기도이다. 우리들은 이 장을 통해서 교회가 감당해야 할 사명을 배우게 된다.

바울에게 주어진 사명 (3:1-13)

바울은 3장 1절에서 자신이 복음을 증거하는 일로 인하여 감옥에 갇혀 있다고 했다. 사도행전을 보면, 바울은 유대인들의 분노를 유발시켰고, 결국 유대인들은 바울을 붙잡아서 가이사랴를 거쳐 마침내 로마로 보냈다. 그래서 바울은 자신이 그리스도를 위하여 갇힌 자가 되었다고 당당하게 말한다. 바울의 갇힘은 우리가 복음을 증거하다가 감옥에 들어가라는 도전이 아니다. 오늘날의 갇힘은 사명에의 충성을 의미한다. 그리스도 안에서 자유함을 얻었지만 그리스도를 위하여 그 자유를 반납하는 결단을 말한다.

1. 그리스도의 비밀 (3-6절)

바울은 계시에 의해서 자신에게 "비밀"(3절)이 알려졌다고 주장한다. 이는 다메섹 도상에서 나타난 그리스도의 계시를 염두에 두고 한 말이다 (사도행전 9:1-19). 그런데 그가 말하는 "비밀"이란 설명할 수 없거나 파악할 수 없는 것을 뜻하지 않고, 이전에는 감추어져 있었지만 지금은 밝히 드러난 진리를 말한다. 이 비밀은 곧 "그리스도의 비밀"이요 구체적으로는 그리스도의 복음을 말한다. 그러므로 "그리스도의 비밀"은 곧 그리스도요, 그리스도를 통한 구속사역이다. 부언하자면, 그리스도 안에서 유대인과 이방인이 하나가 되어 그리스도의 몸을 이루는 것이다 (3:6).

이방인들은 그리스도 안에서 "함께 상속자"가 되고 "함께 약속에 참여하는 자"가 된다. 바울이 여기에서 말하는 약속은 아브라함과 함께 시작되었고 (창세기 12:1-3), 그리스도의 구속사역을 통해서 성취되었다. 그런데 예전 세대에서는 이 비밀이 감추어져 있었기 때문에 인간들이 알 수 없었다 (로마서 16:25). 그러나 이제는 하나님이 이 비밀을 "그의 거룩한 사도들과 선지자들에게 성령으로 나타내셨다" (5절). 나는 진실로 "그리스도의 복음"을 깨닫고 있는가? 나는 "그리스도의 복음"을 믿으며 확신하고 있는가?

2. 하나님의 일꾼인 바울 (7-13절)

바울은 자신을 그리스도의 복음을 위한 일꾼으로 확신

했고, 하나님의 은혜의 선물로 일꾼이 되었다고 고백했다. "모든 성도 중에 지극히 작은 자보다 더 작은 나에게 이 은혜"를 주셨다는 것이다. 바울이 자기를 낮춘 것은 한때 교회를 핍박했던 자신의 과거에 대한 철저한 인식일 뿐만 아니라, 자신의 무익함과 하나님의 은혜를 강하게 강조하기 위함이었다 (고린도전서 15:10).

그리스도의 복음을 위한 일꾼이 된 바울은 자신에게 주어진 구체적인 사명들을 알고 있었다. 첫째는, 이방인들에게 "그리스도의 풍성함"(8절)을 전하는 일이다. 둘째는 이전에는 "감추어졌던 비밀의 경륜"을 모든 사람들에게 드러내는 일이다. 여기에서 "드러낸다"는 말은 단순한 선포나 전달만을 의미하는 것이 아니라, 비추이게 하고 계몽시킨다는 더 적극적인 의미가 담겨져 있다.

그리고 바울은 이러한 모든 일에는 분명한 목적이 있는데 "교회로 말미암아 하늘에 있는 통치자들과 권세들에게 하나님의 각종 지혜를 알게 하려 하심"(10절)이라는 것이다. 즉 교회는 이방인과 유대인의 화해 공동체로서 우주적인 선교의 모체가 되어야함을 바울은 강조한 것이다.

바울의 기도 (3:14-21)

바울은 기도의 사람이었다. 에베소에 보내는 한 편지에 두 번씩이나 간절한 기도문을 적어 보냈다. 이러한 바울의 모습을 통해서 우리는 먼저 중요한 진리를 찾아야 한다.
◆ 기도의 중요성
바울의 두 번에 걸친 기도문은 (1:15-23; 3:14-21) 우리의 신앙생활에 기도가 얼마나 중요한 위치를 차지하고 있는가를 잘 보여 준다. 기도는 영적 호흡이요, 하나님과의 대화다. 따라서 기도는 가장 필수적인 요소다. 기도는 가장 탁월한 영적 무기요, 영적 전투의 방법이다 (에베소서 6:18-19). 그러므로 신앙인들은 예수님처럼 (누가복음 22:39) 기도생활이 습관화되어 있어야 한다. 기도가 신앙생활의 전부는 아니다. 기도만 하면 안 된다. 그러나 기도가 먼저요, 기도가 가장 중요하다.

◆ *중보기도의 중요성*

바울의 기도는 자신을 위한 기도가 아니라 에베소 성도들을 위한 중보기도이다. 기도하는 신앙인은 이웃을 위한 중보기도의 자리에까지 나아가야 한다. 신앙인의 삶의 영역은 자신 안에서만, 우리라는 울타리 안에서만 머물러서는 안 된다. 신앙인들은 가정이라는 울타리, 자신의 교회라는 울타리, 나라나 민족이라는 울타리 등을 건너 뛰어 더 넓게 나아갈 수 있어야 한다. 그리고 이러한 모든 영역을 품고 기도할 수 있어야 한다. 바울은 이런 점에서 탁월한 전도자요 중보기도자였다.

◆ *바울의 기도 내용*

첫째로, 성도의 "속사람을 능력[성령님의 역사하심]으로 강건하게" 하기 위하여 기도했다 (16절). "속사람"이란 말은 몸에 반대되는 영혼을 말하거나 세상적인 삶의 방법과 구분되는 이상적인 생활원리를 가리키는 말이 아니다. "속사람"은 하나님의 법을 기뻐하고 즐기는 거듭난 자의 본질적인 모습을 말한다. 속사람은 겉사람과는 달리 날마다 새로워져 간다 (고린도후서 4:16). 그러나 새롭게 됨이 자동적인 과정은 아니다. 속사람은 선한 것이기는 하지만 그 자체로는 완전하지 못하다. 따라서 속사람은 신령한 하늘의 영양으로 공급받아야 한다. 그래서 바울은 성령님으로 말미암아 성도의 속사람이 강건하게 되기를 기도한 것이다.

둘째로, 성도의 마음에 그리스도께서 "계시게" 하기 위하여 기도했다 (17절). 예수님은 성도의 마음에 성령님의 내재를 기도하셨고 (요한복음 14:16), 보혜사로 성도 안에 거하실 것을 보장하셨다 (요한복음 14:20). 바울은 그리스도께서 함께 "계심"을 나타내는 단어로 "카토이케오" 단어를 사용했다. 이는 일시적인 내주를 의미하는 "파로이케오"라는 단어와는 달리 영구적인 정착과 거주를 의미하는 단어이다. 바울은 성도의 마음에 그리스도가 영구히 거하시기를 기도한 것이다. 여기에서 마음이란 참 자아의 중심이요 생각과 느낌과 선택의 장소이다. 그리스도는 우리 마음의 중심에 내주하시면서 우리의 모든 것을 온전하고 선하신 손길로 다스리시고 인도하시기를 원하신다.

셋째로, "사랑 가운데서 뿌리가 박히"게 하기 위하여 기도했다 (17절). 바울은 농사(뿌리)와 건축(터)의 비유를 사용함으로써 신앙인의 삶의 토양과 토대를 소개한다. "너희가 사랑 가운데서 뿌리가 박히고 터가 굳어져서"라는 바울의 기도는 *너희가 사랑 안에 뿌리가 박히고 사랑 위에 건축되기를 바란다* 라는 말로 번역할 수 있다. 여기에서 사랑이란 *인간을 향한 하나님의 사랑* 또는 *그리스도의 사랑* 뿐만 아니라, 그리스도인의 사랑의 일반적인 원리를 의미한다. 바울은 우리들의 모든 삶이 사랑에서 시작되고, 사랑으로 진행되며, 사랑으로 열매맺기를 소원한다.

넷째로, "그리스도의 사랑을 알게" 하기 위하여 기도했다 (18-19절). 성도들이 "그리스도의 사랑의 너비와 길

이와 높이가 어떠함을 깨닫기를" 기도하는 바울의 소원은 성도들이 그리스도를 경험함으로써 그만큼 더 넓이와 길이와 높이가 확장되어 가는 삶을 살아가는 것이었다. 바울은 성도들이 그리스도의 사랑을 체험하기를 소원했다. 그리스도인은 믿음을 통해서 그리스도의 사랑을 체험하고 이 사랑을 힘입어 이웃을 사랑하게 된다. 그리스도의 사랑은 모든 것—사회적인 계급, 인종, 다툼, 분열, 상처 등—을 뛰어넘게 하는 참 능력이다. 그리스도인은 이 사랑의 능력을 체험하고 온전하게 깨달아야 한다.

다섯째로, "하나님의 모든 충만하신 것으로 너희에게 충만하게 하시기"를 위하여 기도했다 (19절). 앞에서 지적한 바울의 기도들의 결과가 하나님의 충만으로 충만케 되는 것이다. 즉 성도의 최종적인 모습은 하나님의 충만을 맛보는 것이다. 하나님의 충만은 하나님의 속성과 능력, 그리고 성도에게 나누어주시는 풍성한 은혜 전부를 포함한다. 여기서 분명하게 기억할 것은 성도들이 하나님의 충만으로 충만케 되었어도 성도는 성도에 머문다는 사실이다. 즉 성도는 하나님의 충만을 담는 그릇이요, 하나님의 충만을 반사하는 거울과 같은 존재임을 잊지 말아야 한다. 따라서 모든 성도와 교회는 하나님의 충만하심으로 채워져야 하고 그 충만하심을 세상에 증거해야 함이 마땅하다.

2. 생활 속의 이야기

미국의 피자 시장은 피자 헛이 약 22%의 시장 점유율로 선두주자의 자리를 지키고 있고, 다미노스 피자가 약 12%로 2위를, 그리고 리틀씨이저스 피자가 약 8%로 3위를 달리고 있었다. 그런데 요즘 피자 시장에 치열한 전쟁이 벌어지고 있다. 파파존스라는 새로운 업체가 급성장하면서 피자 시장의 아성들이 흔들리기 시작한 것이다. 피자헛은 다양한 종류의 피자로 인기를 누려왔고, 다미노스 피자는 빠른 배달을, 그리고 리틀씨이저스는 싼값을 각자의 강점으로 삼아왔다.

그런데 어느 날 파파존스가 *더 맛 좋은 피자를 만들자*는 사업이념을 세우고 시장을 장악하기 시작했다. 그리고 그의 생각이 피자 애호가들의 마음을 사로잡기 시작했다. 파파존스의 창업자의 생각이 올바른 것이다. 피자는 모양새도, 다양한 종류도, 값도, 그리고 빠른 배달도 중요하다. 그러나 뭐니뭐니해도 맛이 제일 중요하다. 맛이 음식물에서는 가장 본질적인 것이요 우선이기 때문이다. 지금까지 다른 세 업체들은 이 본질적인 문제를 외면한 채 부수적인 문제에만 힘을 쏟았다. 그러니 본질적인 문제를 강점으로 한 파파존스에게 피자 애호가들을 빼앗길 수밖에 없었던 것이다.

우리의 신앙생활도 이와 동일하다. 방언도 중요하고, 신유도 중요하고, 성령체험도 중요하고, 찬양도 중요하고, 직분도 중요하고, 직책도 중요하고, 교회의 위치와 시설도 중요하고, 교회 프로그램도 중요하다. 그러나 이 모든 것들보다 더욱 중요한 본질적인 것은 예수 그리스도요, 그리스도의 복음이다. 모든 것이 다 있어도 그리스도와 그의 복음이 무시되고 있다면, 그것은 잘못된 신앙생활이요, 잘못된 교회다. 그리스도가 먼저요, 그리스도의 복음이 먼저요, 그리스도와의 사랑이 먼저다. 그리고 그리스도와 그의 복음을 위해서 하나님께서 주신 사명이 먼저다.

3. 묵상을 위한 질문

  (1) 나는 그리스도와 그리스도의 복음을 어떻게 인식하고 있는가?
  (2) 나는 그리스도와 그리스도의 복음을 위하여 어떤 사명을 받았다고 생각하는가?
  (3) 나의 기도생활의 수준은 어느 정도인가?
  (4) 어떻게 하면 그리스도의 사랑을 체험할 수 있으며, 그 사랑을 남과 나눌 수 있는가?

4. 결단에의 초청

 이 땅에는 어떤 목적이나 계획도 없이 그저 살아가는 그리스도인들이 많이 있습니다. 이들은 바람 부는 대로 물결치는 대로 살아가는 연약한 신앙인들입니다. 하나님은 분명한 목적과 계획을 가지시고 인생들을 세상에서 불러내셨건만, 이 사실을 모른 채 그저 구원받았다는 사실 하나만 붙잡고 살아가는 신앙인들이 있습니다.
 지금 당신의 모습은 어떻습니까? 분명한 목적, 즉 하나님께서 주신 사명에 살고 있습니까? 세상 속에서 세상에 물들지 않고 그리스도를 알고 그리스도의 복음을 위한 하나님의 일꾼답게 살아가고 있습니까? 사도 요한은 이렇게 외쳤습니다. "이 세상도, 그 정욕도 지나가되 오직 하나님의 뜻을 행하는 자는 영원히 거하느니라" (요한1서 2:17).

제4과

새로운 공동체인 교회의 모습

에베소서 4:1-32

1. 성경 이해

에베소서 1-3장까지가 *무엇을 믿을 것인가*에 대한 말씀이라면, 4-6장까지는 *믿음으로 어떻게 살 것인가*에 대한 말씀이다. 믿음은 귀한 것이지만 삶과 분리된 믿음은 아무런 힘을 갖지 못한다.

그래서 바울은 4장부터 믿음의 사람들이 붙잡아야 할 삶의 원리들을 정확하게 가르쳐 준다. 4장은 크게 두 부분으로 나뉘어지는데, 1-6절은 교회의 하나됨에 대한 말씀이고, 17-32절은 교회의 성결에 대한 말씀이다.

교회의 하나됨을 지키라 (4:1-16)

하나님은 그리스도 예수 안에서 죄로 죽었던 유대인들과 이방인들을 그리스도와 함께 다시 살리시고, 그리스도 예수 안에서 이 둘이 하나가 되게 하셨다. 그리고 한 걸음 더 나아가서 "하나님의 권속"(2:19)이 되게 하셨다. 하나님은 그리스도 예수 안에서 믿음의 모든 사람을 새로운 하나님의 한 공동체로 만드신 것이다.

1. 부르심에 합당한 삶을 살라 (1절)

바울은 "그러므로"란 접속사를 사용함으로써 위와 같은 하나님의 부르심에 관한 진리를 알았으면, 그 진리에 합당하게 살아야 함을 강하고 진지하게 호소하고 있다.

성도들은 하나님의 은혜로 세상과 구별된 하나님의 권속이기 때문에 세상 사람들과는 달리 살아야 한다. 성도들은 세상의 풍조에 따라 사는 것이 아니라, 하나님의 부르심에 합당한 삶을 살아가야 한다. 성도들은 "우리의 화평"이신 그리스도 안에서 하나됨을 지켜 나가는 것이 부르심에 합당한 삶이다. 교회의 하나됨을 지키는 것은 성도의 거룩한 의무요 특권이다.

2. 교회의 하나됨을 사랑으로 지키라 (2-3절)

바울은 교회의 하나됨을 "힘써 지키라"고 호소함으로써 하나됨을 지키는 것이 성도들에게 가장 필수적인 삶의 요소임을 깨우쳐 준다. 그리고 그는 교회의 하나됨을 실제적으로 지켜나갈 수 있는 구체적인 방법까지도 소개한다.

바울은 교회가 하나되기 위하여 겸손, 온유, 오래 참음, 그리고 사랑으로 지켜야 한다고 했다. 겸손, 온유, 오래 참음과 용납은 모두 다 사랑의 특성들이다 (고린도전서 13:4-7). 사랑은 겸손, 온유, 오래 참음, 그리고 용납이 뿌리내리는 밭이요, 자라게 하는 양분이요, 그것들의 꽃이다. "사랑"은 교회의 하나됨을 지키는 파수꾼이다. "겸손"은 그리스도가 본을 보이신 귀한 덕목으로서 남을 자신보다 낮게 여기는 마음과 행위다 (빌립보서 2:3). "온유"는 강한 자가 자기 자신의 힘을 조절함으로써 지니는 부드러움이다. "오래 참음"은 하나님이 그리스도 안에서 우리에 대하여 오래 참으셨던 것처럼 우리를 자극하는 사람들에 대해 오래 참는 것을 뜻한다 (로마서 2:4; 디모데전서 1:16). "용납"은 다른 사람에게 관용을 베푸는 것이다. 관용은 다른 사람의 약점까지도 포용하는 행위이기에 다른 사람과의 평화를 이루게 한다.

바울이 이렇게 사랑의 덕목들을 통해서 교회의 하나됨을 지키라는 것은 교회의 하나됨이 구조적인 연합보다는 도덕적인 연합에서 유지되는 것임을 강조하는 것이다.

3. 교회가 하나되어야 하는 이유들 (4-6절)

교회가 하나되는 궁극적인 터전은 삼위일체 되시는 하나님이시지만, 바울은 교회가 하나되어야 하는 분명한 이유를 제시함으로써, 교회가 하나되도록 하는 것이 얼마나 귀중한 것인지를 다시 한번 강조한다.

◆ 한 몸: 교회는 그리스도의 몸이다. 교회는 그리스도로부터 생명을 이어받은 한 몸이다.
◆ 한 성령: 성령이 몸에 생명을 주시고 (로마서 8:10), 그 안에 계시기 때문에 그 몸은 한 몸이 된다 (고린도전서 3:16).
◆ 한 소망: 성도들은 그리스도의 은혜 안에서 하늘의 기업을 소유하게 됨으로써 한 소망을 갖게 된다.
◆ 한 주님: 성도들에게는 예수님만이 주님이시다. 오직 그리스도 예수 안에서만 구원이 있고, 한 몸이 되고, 한 소망을 갖게 된다 (사도행전 4:12).

◆ *한 믿음*: 믿음이란 그리스도 예수를 구주로 받아들이는 주관적이요, 신뢰의 행위를 말한다.
◆ *한 세례*: 세례는 신앙의 외적 표시다 (사도행전 2:41). 그런데 이 세례는 그리스도와 믿음을 떠나서는 무의미한 것이다 (로마서 6:3; 사도행전 10:48).
◆ *한 하나님*: 한 분 하나님을 믿기에 교회는 하나일 수밖에 없다. 한 하나님이 교회의 하나됨의 기초이시다.

앞의 여섯 가지를 하나로 통합하시는 분이 하나님이시다. 하나님은 "만유의 아버지"시요, "만유 위에 계시고 만유를 통일하시고 만유 가운데 계시는" 분이시다 (6절).

4. 다양함 속에 하나됨 (7-16절)

교회의 하나됨은 획일적인 것이 아니라, 다양성 속에서 하나가 되는 것이다. 교회가 하나되는 것은 다양한 은사들을 통해서 더 온전하고 풍부하게 된다.

바울은 다양한 각 지체들이 그리스도께서 주신 다양한 은사대로 역사하여 그리스도의 한 몸으로 자라가고 세워져 간다고 보았다 (15-16절). 그리고 다양함 속에 하나되게 하기 위해서 그리스도께서 교회에 귀한 선물들을 주셨다고 설명한다.

◆ *사도들*: 예수께서 손수 부르시고 그와 동고동락했던 사람들로 예수님의 부활을 증거할 수 있는 사람들이다.
◆ *선지자들*: 구약의 선지자들이 아니라 신약시대의 선지자들을 말한다 (에베소서 2:20; 사도행전 15:32). 이들은 교사들처럼 가르쳤으나 때로 영적 진리의 계시가 주어져 하나님의 뜻을 미리 알고 사건을 예언하기도 했다.

◆ *복음 전하는 자*: 사도들의 지도를 받아 복음을 전하는 일에 전력하였던 자들이다. 이들은 한 곳에 머무르지 않고 순회하면서 전도했다 (사도행전 8:5-13).

◆ *목사와 교사*: 목사와 교사는 같은 직책의 두 가지 성격을 말한다. 목사는 한 교회의 영적 지도자로서 감독과 목양의 직책을 감당해야 하고, 또한 동시에 성도들을 가르치고 지도하는 교사로서의 직책도 감당해야 한다.

이러한 은사들은 분명한 목적을 갖고 있다. "성도를 온전하게 하며 봉사의 일을 하게 하며 그리스도의 몸을 세우려 하심이라" (12절).

교회의 성결함을 이루라 (4:17-32)

바울은 새로운 공동체인 교회의 하나됨을 말한 후에 교회의 성결함을 이야기한다. 이 둘은 결코 떨어질 수 없는 손바닥과 손등과 같은 위치에 있는 것이다. 특히 바울은 옛 사람과 새 사람의 모습을 대조함으로써 자신의 권면을 강하게 부각시켰다.

1. 옛 사람을 버리라 (17-24절)

바울은 그리스도인들이 해야 할 일과, 하지 말아야 할 일을 구체적으로 보여준다. 옛 사람은 "허망하고," "무지하고 마음이 굳어진" 사람들이기에 총명이 어두워지고, 결국 하나님의 생명에서 떠나 있다. 하나님의 생명에서 떠나 있기에 "감각 없는 자가 되어 자신을 방탕에 방임"하게 되고, "모든 더러운 것을 욕심으로 행하게" 된다 (19절).

우리는 여기에서 옛 사람의 특성을 좀더 자세히 알아야 할 필요가 있다. "허망"은 목적 없는 삶의 허무감이다. "굳어진 마음"은 돌 같이 경직된 마음으로 수용성이 없다. "무지"는 무식이 아니라, 도덕적이고 맹목적인 종교상태를 말한다. "감각 없는 자"는 양심의 감각을 상실한 자다. "욕심"은 색욕과 같은 강력한 육적 욕망을 말한다.

성도는 새로운 존재임에도 불구하고 옛 사람처럼 행동할 가능성이 항상 있다. 그래서 바울은 이러한 옛 사람을 벗어버리라고 말했다. 옛 사람의 모습을 취하지 말라는 말이다.

2. 새 사람을 입으라 (22-24절)

옛 사람을 벗어버려야 하는 이유는 새 사람을 입기 위함이다. 바울이 "새 사람을 입으라"고 한 것은 새 사람이 아직 아니기 때문에 새 사람이 되라는 말이 아니라, 이미 새 사람이 되었으니 새 사람답게 살라는 말이다. 새 사람은 그리스도 안에서 하나님의 손으로 새롭게 빚어진 하나님의 사람이요, 하나님의 형상, 즉 의와 거룩함으로 회복된 하나님의 형상을 소유한 자다 (24절). 바울은 친절하게도 교회의 성결함을 이루기 위한 구체적인 예를 들었다.

◆ 거짓을 버리고 참된 것을 말하라 (25절).
◆ 분을 품지 말고 마귀로 틈을 타지 못하게 하라 (26절).
◆ 도둑질하지 말고 열심히 일해서 구제하라 (28절).
◆ 악한 말을 하지말고 선한 말로 은혜를 끼치라 (29절).
◆ 악독, 노함, 분냄, 떠듬, 비방, 모든 악의를 버리라 (31절).

이상과 같이 열거한 것들은 하나님의 성령을 근심케 하는 것들이다. 성령은 거룩한 영이요 하나됨을 이루시는 하나님의 영이기에 성령을 근심하게 해서는 안 된다. 성도들은 하나님의 새로운 공동체로서 하나됨과 거룩함을 동시에 지켜 나가야 한다.

2. 생활 속의 이야기

산 속에서 독수리 알을 주어온 나무꾼이 있었다. 독수리 알을 닭장 안에 넣어 놓았는데, 암탉이 품어서 독수리 새끼가 병아리들과 함께 태어났다. 독수리 새끼는 자신이 독수리인지도 모른 채 병아리들과 함께 재미있게 놀고 있었다. 그러던 어느 날, 닭장 위를 맴돌던 독수리가 가만히 보니, 독수리 새끼 한 마리가 병아리와 함께 놀고 있는 것이었다. 그 독수리는 땅에 내려와서 독수리 새끼에게 말했다. "너는 병아리가 아니야, 너는 하늘을 나는 독수리야." 그러자 독수리 새끼가 답을 했다. "내가 독수리라고? 아니야 나는 병아리야!"

요즈음 많은 그리스도인들이 이 독수리 새끼처럼 살아간다. 그리스도인은 세상 속에서 살고 있지만 세상 사람들과는 다른 존재다. 하나님의 은혜로 그리스도 안에서 새롭게 지음을 받은 존재이다. 그리스도의 공로로 거룩함이 회복된 존재이다. 그리스도인은 이 사실을 망각하지 말아야 한다. 우리가 때로는 넘어지기도 하고 쓰러지기도 한다. 그럼에도 불구하고 우리는 이미 새로운 존재가 되었음을 믿어야 한다. 그리고 지속적으로 옛 사람을 벗어버리고 새 사람을 입을 수 있다는 것도 믿어야 한다.

3. 묵상을 위한 질문

(1) 교회의 하나됨을 지키기 위해서 우리들이 당면한 일들은 무엇이 있는가?

(2) 지금도 나를 가장 괴롭히는 옛 사람의 모습은 무엇인지 진실하게 고백하고, 서로를 위해 기도해 보자.

(3) 세상이 교회에 거는 기대가 있을까? 있다면 어떤 것들을 기대할까? 아니라면, 그 이유는 무엇일까?

4. 결단에의 초청

우리는 하나님의 은혜로 새롭게 지음 받은 하나님의 새로운 공동체입니다. 우리는 그리스도 안에서 하나가 된 공동체요, 한 몸입니다. 그것도 그리스도의 보혈로 정결함을 받은 거룩한 공동체입니다. 그러므로 거룩한 몸을 이루는 지체답게 살아가야 합니다. 때로 서로 다른 점들이 보여져도 하나됨을 의심하지 말아야 합니다. 때로는 넘어지고 쓰러져도, 다시 일어나 성결함을 지켜야 합니다. 하나님의 부르심에 합당한 삶을 살아야 합니다. 그리스도 안에서 그렇게 살아갈 수 있습니다. 우리 안에서 "착한 일을 시작하신 이가 그리스도의 예수의 날까지 이루실 줄을" 우리는 믿어야 합니다 (빌립보서 1:6).

제5과
빛의 자녀다운 삶
에베소서 5:1-20

1. 성경 이해

4장에서 성도들의 새로운 삶의 표준으로 교회의 하나 됨과 (4:1-16) 교회의 순결성(4:17-32)을 가르친 바울은 5장에서 하나님을 본받아 살면서, 빛의 열매를 맺는 빛의 자녀답게 지혜롭고 성숙한 삶을 살라고 권면한다. 그리고 이러한 삶을 살기 위하여 성령 충만을 받는 것이 필수적인 것임을 강조한다.

하나님을 본받아라 (5:1-2)

세상 사람들은 삶의 환경과 처지에 따라서 삶의 목표와 기준이 서로 다를 수밖에 없다. 그러나 성도들의 삶은 처지와 환경이 달라도 *삶의 목표와 기준*은 모두 동일하다. 성도들은 하나님의 형상대로 지음을 받았고, "그리스도가 보여준 자취"를 따르는 사람들이기에, 이 땅 어디에서 어떻게 살아가든지 *하나님의 사랑과 용서를 본받고, 그리스도의 순종과 희생을 본받아* 살아가는 것이 삶의 목표요 기준이다. 그래서 바울은 세상 사람과는 다른 존재인 성도들에게 "하나님을 본받는 자가 되라"고 권면했다.

"본받는다"는 말은 하나님의 신비적인 본질을 본받는다는 것이 아니라, 하나님이 하신 일과 그 속에 담겨진 하나님의 마음을 닮아야 한다는 뜻이다. 하나님이 우리를 사랑하셔서 용서해주신 것처럼, 우리도 하나님의 사랑으로 용서하며 살아야 한다는 뜻이다. 그리고 그리스도가 순종과 희생의 삶을 사셨던 것처럼, 우리도 그리스도의 마음으로 순종과 희생의 삶을 살아야 한다는 뜻이다. 성도들은 하나님의 사랑을 받은 하나님의 자녀이기 때문이다.

그런데, 바울은 그리스도께서 "자신을 버리사 향기로운 제물과 희생제물로 하나님께 드리셨다"고 했다 (2절). 이는 그리스도처럼 하나님과 이웃을 위하여 사랑의 희생을 행하는 것이 하나님을 기쁘시게 하는 제물과 같은 삶이라는 것을 강조한 것이다. 성도는 하나님을 기쁘시게 하는 산 제사를 드려야 할 존재이기 때문이다 (로마서 12:1).

버릴 것을 버려야 한다 (5:3-4)

바울은 하나님을 본받는 자가 되기 위하여 버려야할 기본적인 일 두 가지를 소개한다. 하나는 "음행과 온갖 더러운 것과 탐욕"이다. "탐욕"은 하나님이 정하신 결혼제도를 벗어난 모든 성적 행위를 말한다. "온갖 더러운 것"은 음행을 포함한 모든 잘못된 성적 풍조를 말한다. "탐욕"도 끝없이 무절제한 성적 욕망을 말한다. 이러한 것들은 "그 이름조차도 부르지 말아야 한다." 즉 성도들은 이러한 풍조와는 온전히 무관한 삶을 살아야 한다. 잘못된 성적 풍조는 그 때나 지금이나, 하나님의 자녀들이 잘 다스려야 할 가장 큰 유혹이요 죄다.

다른 하나는 입술을 거룩하게 사용하는 일이다. "누추함"은 추잡하고 부끄러운 말이요, "어리석은 말"은 술 취한 자가 지껄이는 말과 같은 무가치한 말이요, "희롱하는 말"은 변덕스러운 말이다. 그런데 이러한 말들은 잘못된 세상 풍조, 특히 타락한 성문화의 영향 때문에 사용되는 말들이다. 따라서 세상과 구별된 하나님의 자녀들은 이런 말들을 입에 담아서는 안 된다. 성도들의 품위에 맞지 않는 말들이기 때문이다.

피할 수 없는 하나님의 심판 (5:5-7)

바울은 5-6절에서 성도들이 부도덕한 행위나 말을 가까이 하지 말아야 할 이유를 매우 강력하게 권고한다. 부도덕한 행위나 말은 하나님의 심판을 피할 수 없다고 경고한 것이다.

이는 성도들이 이러한 행위를 실행하면 구원이 취소된다는 뜻은 결코 아니다. 당시 초대교회에 영지주의라는 이단이 있었다. 그런데 영지주의자들은 육체의 죄는 영혼 구원에 아무런 영향을 미치지 않는다는 잘못된 가르침을 퍼트렸다. 하나님은 사랑이시기에 모든 인간들을 모두 다 구원하신다는 것이었다 (만인 구원주의).

바울은 이러한 이단의 가르침을 철저히 막고 죄에 대한 하나님의 심판을 강조함으로써, 이제는 죄와 무관한 성도들의 성결한 삶이 지속되기를 강조한 것이다. 성도들의 구원이 취소될 수 있기 때문에 죄를 범하지 말아야 하는 것이 아니라, 성도들은 죄와 무관한 존재들이기에 죄를 다스릴 수 있어야 한다.

빛의 자녀답게 행하라 (5:8-14)

바울은 이제 말의 방향을 바꾸어서 성도들 자신을 바라보게 한다. 부정적인 방향에서 긍정적인 방향으로 관심을 돌려서 *하지 말라* 에서 *행하라* 고 말투를 바꾼다.

성경에 나타나신 하나님은 빛이요 (요한1서 2:25), 그리스도도 빛이시다 (요한복음 1:4-9). 그리고 성도들은 그리스도 안에 있는 자들이기에 빛이라고 바울은 단언한다. 이는 성도들이 그리스도와 같은 빛이라는 말이 아니고 그리스도 안에서 (주 안에서) 빛일 뿐이다. 즉 그리스도의 빛을 반사하는 세상의 빛이다 (마태복음 5:14; 빌립보서 2:15). 이 말은 성도들이 거룩한 삶을 통해서 세상의 빛과 같은 역할을 감당해야 함을 뜻한다. 왜냐하면, 빛의 자녀들은 빛의 열매를 맺게 되어 있기 때문이다.

바울은 착하고, 의롭고, 진실함이 빛의 자녀들이 나타내야할 모습이라고 제시한다 (9절). 그리고 이것들은 음행과 더러움과 탐욕이라는 어두움의 세 가지 행위와 대비한 것이다 (3절). "착함"이란 적극적이며 긍정적인 인자함을 말한다. "의로움"은 도덕적, 영적으로 완전 무결함을 말한다. "진실함"은 위선이나 은밀한 타협이 없는 순결한 마음을 말한다.

그리고 바울은 성도들의 이러한 모습들이 매우 귀하고 아름다운 모습임을 단언한다. 그래서 "주를 기쁘시게 할 것이 무엇인가 시험하여 보라"(10절)고 말했다. 성도들은 하나님이 기뻐하시는 착함과 의로움과 진실한 삶을 이루어가야 한다. 그리고 자신이 그러한 삶을 살아가고 있는지 항상 자신을 살펴보아야 한다.

빛의 자녀답게 살기 위하여 (5:15-21)

바울은 15절에서 "그런즉"이라는 단어를 사용했다. 이는 빛의 자녀답게 살기 위해서 가장 필수적인 삶의 자세 두 가지를 강조하기 위함이다. 이 두 가지는 성도들이 빛의 열매를 맺기 위해서 반드시 소유해야할 것들이다.

1. 지혜 있는 자가 되라 (15-17절)

"지혜 있는 자"가 된다는 것은 성도들이 다음과 같은 세 가지 자세가 필요하다는 말이다.

◆ *성도는 어떻게 행할지를 주의하며 살아야 한다 (15절).*
아무런 목표나 이유 없이 즉흥적으로 행동해서는 안 된다는 뜻이다. 성도들은 항상 행동과 마음의 결정을 하나님의 말씀에 비추어서 해야 한다. 하나님의 자녀다운 모습을 잃게 되는 것이 아닌지 살펴보라는 뜻이다.

◆ *성도는 세월을 아껴야 한다 (16절).*
성도는 세월의 귀중함을 알기에 세월을 헛된 일에 소비해서는 안 된다.

◆ *성도는 주의 뜻을 이해해야 한다 (17절).*
성도의 삶은 하나님의 뜻을 떠나서는 무가치하다. 하나님께서 그리스도 안에서 인간을 성도로 부르셨을 때에는 분명한 뜻과 목적과 계획을 가지고 부르셨기 때문이다. 그러므로 성도들은 그 무엇보다도 하나님의 뜻을 알기에 최선을 다해야 한다. 요한은 "이 세상도, 그 정욕도 지나가되 오직 하나님의 뜻을 행하는 자는 영원히 거하느니라"(요한1서 2:17)고 했다.

2. 성령 충만함을 받으라 (18-21절)

빛의 자녀답게 살기 위한 또 하나의 기둥은 성령 충만함을 받는 것이다. 성령 충만이란 성령님의 지배함을 온전히 받는 상태를 말한다. 즉 성령 충만은 성령의 내주하심과는 다르다. 성령 충만은 내주하시는 성령님이 나를 온전히 지배함을 말한다. 술에 취하면 술의 지배를 받는 이치와 동일하다. 따라서 성령 충만을 받으면 옛 사람의 유혹은 사라지고 새 사람의 모습이 나타나게 된다.

성령 충만하면 하나님의 깊은 것까지도 이해하게 된다 (고린도전서 2:10-13). 성령 충만하면 우리 안에 예수 그리스도의 모습이 드러난다. 성령 충만은 성도들이 인간의 한계들을 뛰어넘게 하는 힘과 지혜를 제공해 준다. 그러므로 성도들이 누리는 최고의 삶은 성령 충만함을 받는 것이다. 그래서 예수님께서도 "하물며 너희 하늘 아버지께서 구하는 자에게 성령을 주시지 않겠느냐"(누가복음 11:13)고 가르치셨던 것이다.

그러므로 성도들은 항상 성령 충만을 위해 기도하고 갈망해야 한다. 성령을 근심케 하지 말아야 하고 (에베소서 4:30), 성령을 소멸시키지 말아야 하고 (데살로니가전서 5:19), 성령을 훼방하지 말아야 하고 (마태복음 12:31), 성령을 거역하지 말아야 한다 (마태복음 12:32).

성도는 오직 성령을 사모하고, 성령께 순종해야 한다. 그러면, 시와 찬미와 신령한 노래들로 서로 화답하게 되고 (에베소서 5:19), 서로 경외함으로 피차 복종하게 된다 (21절). 주님을 찬양케 되고 (19절), 항상 하나님께 감사하는 삶을 살게 된다 (20절).

2. 생활 속의 이야기

오랫동안 세상에서 얻을 수 있는 잠시의 쾌락이 인생의 행복인 줄로 착각하고 살아온 사람이 있었다. 어느 날 그는 사랑하는 한 친구의 인도를 받아서 우리 교회의 금요기도회에 참석하게 되었다. 그 때 우리 교회는 미국 교회의 친교실을 본당으로 사용하고 있었기 때문에 교회의 모습이 교회답지 않았다. 그래서인지 그는 피자를 사주겠다는 친구의 선의의 꾀임에 빠져 생각지도 않았던 교회에 오게 되었고, 그것도 금요기도회에 참석하게 된 것이다.

그런데 놀라운 일이 일어나고 말았다. 성령의 강한 역사를 체험하게 된 것이다. 성령께서 강력하게 그의 삶을 돌이키셨다. 그는 한 시간 이상 눈물 콧물을 흘리며 자신의 과거의 죄악들을 회개하고 있었다. 그의 간증에 의하면, 스스로 절제하고 싶었어도 절제할 수 없었다고 한다.

그는 성령님의 역사로 그리스도 안에서 새 사람이 된 것이다. 옛 사람을 벗어버리고 새 삶을 입었다. 그렇게 버리고 싶었어도 버릴 수 없었던 것들이 너무나 쉽게 떠나고 말았다. 제일 먼저 그는 그를 향한 하나님의 사랑을 깨닫게 되었다. 그리고 가정이 변했다. 그는 아내와 자녀들에게 자신의 잘못을 진실로 빌었다. 좋은 남편, 좋은 아버지의 삶을 살고 싶은 거룩한 욕망이 일어났다고 한다. 그의 삶의 가치관이 변한 것이다. 그의 삶의 우선순위가 바뀐 것이다. 그러니 그의 마음도 그의 입술도 변함이 마땅했다. 그는 지금도 예배 때마다 하나님의 은혜에 감사해서 눈물을 흘리곤 한다. 그는 입을 열면 항상 감사요 칭찬이다. 그는 하나님의 은혜와 사랑의 증거가 되고 있다.

3. 묵상을 위한 질문

(1) 우리는 세상에서 하나님께 불순종하면서 죄를 짓는 사람들과 함께 살아가고 있다. 그런데 바울은 그들과 함께 참여하는 자가 되지 말라고 했다. 이를 위한 최선의 방법은 무엇일까?

(2) 바울이 술 취함과 성령 충만을 함께 말하는 이유는 무엇일까?

(3) 우리들의 성령 충만을 방해하는 가장 큰 영향력은 어디로부터 오는가?

4. 결단에의 초청

오늘날의 교회가 당면할 문제는 교회의 거룩성을 다시 회복하고 유지하는 일입니다. 이미 그리스도 안에서 거룩하게 된 교회지만, 세상의 공격에 너무 쉽게 무너지곤 합니다. 전도도 중요하고, 교육도 중요하고, 기도도 중요합니다만 세상 것들로 인하여 가려진 교회의 거룩함이 다시 회복되어야 합니다.

거룩함을 이루는 일은 하나님의 책임입니다. 그러나 그 거룩함을 유지하는 일은 성도들의 책임입니다. 문제는 거룩함을 유지하려는 영적 갈망이 우리 안에 있는가 하는 것입니다. 다윗이 자신 안에 자기도 모르는 죄가 있나 하나님께 물어 보았듯이 (시편 139:23-24), 우리도 우리 안에 이런 마음이 있나 물어보아야 합니다. 지금 당신 안에 거룩함을 위한 갈망이 있습니까?

제6과
그리스도의 가정
에베소서 5:22-6:9

1. 성경 이해

바울은 이제 우리를 가정으로 인도한다. 가정 안에서 서로의 관계성을 올바르게 회복시키고자 한다. 바울은 그리스도와의 새로운 관계를 통한 그리스도의 가정이 되기를 바라는 것이다.

그리스도 안에서 아내와 남편 (5:22-33)

그리스도인의 인간 관계에서 아내와 남편의 관계보다 더 귀하고 강한 관계는 없다. 그것은 하나님께서 부부의 관계를 그렇게 만드셨기 때문이다.

1. 아내들에게 (22-24, 33절)

"아내들이여 자기 남편에게 복종하기를 주께 하듯 하라"는 바울의 가르침은 주목해야할 중요한 요소들이 담겨져 있다. 먼저 "자기 남편"이라는 바울의 정확한 지적은 순결한 일부일처제의 결혼이 그리스도의 가정의 기본 조건임을 말한다.

"주께 하듯 하라"는 말은 눈에 보이는 남편을 대할 때에는 눈에 보이지 않는 주님을 섬기는 것처럼 행동하라는 말이다. 이는 한 남자의 아내로서의 삶과 예수 그리스도를 섬기는 한 성도로서의 삶이 분리되어서는 안 된다는 의미다. 왜냐하면 남편이 아내의 머리됨이 그리스도께서 교회의 머리됨과 같기 때문이다. 여기에서 "머리"는 책임 있는 권위와 질서를 의미하는 말로서 아내와 남편간에 불평등한 상하관계를 말하는 것이 아니라 하나님의 거룩한 창조질서를 말하는 것이다. 뿐만 아니라 이는 교회가 그리스도와 분리될 수 없듯이 아내와 남편도 결코 나뉘어질 수 없는 하나임을 강조한다.

그런데 우리가 주의해서 읽어야 할 부분은 "그러므로 교회가 그리스도에게 하듯 아내들도 범사에 자기 남편에게 복종할지니라"(24절)는 구절이다. 이 구절은 *남편은 아내의 구주는 아니지만, 교회가 그리스도에게 복종하듯 아내들도 남편에게 하나님의 거룩한 창조질서로써 복종하라는 뜻으로* 이해해야 한다.

2. 남편들에게 (25, 28-29, 31, 33)

바울은 남편들에게 아내들을 사랑하라고 권한다. 이 사랑은 단순한 사랑이 아니다. 그리스도께서 교회를 사랑하셔서 죽음의 희생을 행하신 것처럼 사랑해야 되는 십자가의 사랑이다. 희생의 사랑이요 곧 아가페의 사랑이다.

이 구절을 잘못 이해하면 남편과 그리스도가 동일한 권위를 가지고 있는 것처럼 오해할 수 있다. 그리고 남편이 하는 기능이나 사역이 그리스도의 기능이나 사역과 동일한 것으로 오해할 수 있다. 남편이 아내를 사랑해야 함은, 그가 그리스도와 동일한 권위와 특권을 갖고 있기 때문이 아니다. 이는 그리스도 안에 있는 남편이 교회를 사랑하시는 그리스도의 마음으로, 그리스도처럼 아내를 사랑함이 마땅하다는 의미이다. 즉 바울은 아내를 사랑하는 남편의 사랑의 깊이와 폭이 얼마나 확대되어야 하는가를 강조하는 것이다.

3. 아내와 남편에게 (21-33절)

따라서 아내의 복종과 남편의 사랑은 상호 조건적인 행위가 아니라 절대적인 행위이다. 남편의 사랑 때문에 아내가 복종하게 되고, 아내의 복종 때문에 남편이 사랑을 베푸는 것이 아니다. 이 둘은 항상 무조건적으로 있어야 할 가정의 두 기둥이다. 이 둘 중 하나만 없어도 가정은 무너지고 만다.

마지막으로, 그리스도를 알지 못하고서는 아름다운 부부의 관계는 이루어질 수 없다는 사실을 잊지 말아야 한다. 그리스도의 머리됨을 모르는데 아내가 어떻게 남편의 머리됨을 이해할 수 있겠는가? 교회를 향한 그리스도의 사랑을 모르는데 어떻게 남편이 그리스도의 사랑으로 아내를 사랑할 수 있겠는가?

그러므로 아름다운 부부의 관계를 위해서는 항상 그리스도 안에 있어야 한다. 그리스도를 두려워하는 마음으로 피차 순종해야 한다 (5:21). 그리고 날마다 그리스도를 더 잘 알아가야 한다. 가정의 행복은 그리스도와의 만남을 통해서 시작되고 완성되기 때문이다.

그리스도 안에서 부모와 자녀 (6:1-4)

바울은 이제 부모와 자녀와의 관계로 나아간다. 부부의 관계가 제일이요 가장 중요한 관계이지만, 부모와 자녀와의 건강한 관계 없이는 부부의 관계도 약화될 수밖에 없기 때문이다.

1. 자녀들에게 (1-3절)

먼저 바울은 자녀들에게 부모에게 순종하라고 권한다. "순종"이란 언제나 부모의 말에 따를 마음 준비가 갖추어져 있다는 의미다. 그런데 바울은 "주 안에서"란 말을 사용한다. 이 "주 안에서"란 말은 "부모"와 연결시키기보다는 "순종하다"와 연결시켜서 이해해야 한다. 그러므로 여기에서의 순종은 인간의 도리로서의 순종을 넘어서 그리스도와의 만남을 통해서 얻어지는 성경적인 순종을 의미한다. 한 걸음 더 나아가서 바울은 부모를 공경하라고 했다. 이는 십계명의 다섯 번째 계명(출애굽기 20:12)을 인용한 것으로써 부모를 하나님의 대리자로 여기는 것을 의미한다. 즉 부모에 대한 순종은 인륜을 넘어서 신륜에 속한 것임을 강조할 뿐만 아니라 부모에 대한 사랑과 감사가 함께 담겨져 있어야 함을 강조하는 것이다.

3절에서 바울은 "이로써 네가 잘되고 땅에서 장수하리라"고 했다. 이 말은 이 땅에서 복 받기 위한 수단으로써의 보상으로 이해해서는 안 된다. 바울이 사용한 "주 안에서"란 구절이 부모를 향한 순종과 공경이 무조건적이어야 함을 강조하기 때문이다.

2. 부모들에게 (4절)

"아비들아"는 부모를 대표하는 말이다. 부모들은 자신들의 사회적 권한이나, 자신들이 소유한 힘이나, 욕심으로 자녀들을 노엽게 하지 말아야 한다. 오히려 부모들은 그리스도의 가르침으로 자녀들을 훈련시키고 양육시켜야 한다. 부모들은 자신의 욕심이나 뜻대로가 아니라 주님의 뜻대로, 주님의 방법으로, 주님의 말씀대로 자녀들을 양육시켜야 할 중요한 의무를 가지고 있다. 이는 부모들이 먼저 주님의 가르침에 바로 서 있어야 함을 깨우쳐 준다.

그리스도 안에서 종과 주인 (6:5-9)

초대교회 당시 종과 주인이 같은 교회에 속해서 신앙생활을 했다 (고린도전서 7:20-24; 갈라디아서 3:28). 그래서 하나님 앞에서는 종이나 주인이 동등한 것으로 나타나고 있다.

초대교회 당시 사회 풍습에 따라 경제적으로 안정된 가정에서는 종들이 그 가정의 구성원들이었기에 종과 주인에 대한 지침도 사회적인 메시지이기 이전에 가정적인 지침이었다.

1. 종들에게 (5-8절)

바울은 이번에도 종이 순종할 것부터 말한다. 이는 "순종"이 기독교 윤리의 최고의 미덕임을 자연스럽게 강조하는 것이다. 바울은 짧은 이 구절 속에서 "그리스도께 하듯"(5절), "그리스도의 종들처럼"(6절), "주께 하듯"(7절)이란 구절들을 사용했다.

이는 그 당시 종들이 사회적으로는 천한 위치에 있었지만, 그리스도 안에서 자신들이 귀한 존재임을 인식하고 동시에 자신들의 일들을 그리스도의 마음으로 인식하기를 바울은 소원한 것이다. 즉 종들의 삶도 그리스도 중심의 삶이어야 한다는 것이다. 종들이 세상의 주인들을 주님 대하듯 하는 것이 그리스도 안에 있는 종들의 올바른 자세다. 그러므로 종들은 두려움과 떨리는 마음으로, 성실하고 진실한 마음으로 주인들을 섬겨야 한다.

2. 상전(주인)들에게 (9절)

상전들에게 던진 바울의 권고는 매우 짧지만, 그 당시에는 매우 혁명적이었다. 상전(주인)들도 종들에게 같은 태도를 취하라는 바울의 가르침은 그 당시 사회에서 용납될 수 없는 획기적인 것이었다. "너희도 그들에게 이와 같이 하라"는 바울의 가르침은 주님께서 말씀하신 황금율과 (마태복음 7:12) 동일하다.

또한 주인은 종들에게 위협(공갈)을 그쳐야 한다고 했다 (9절). 왜냐면, 종에게나 주인에게나 참 주인이신 하나님이 계시기 때문이요, 하나님은 사람들을 외모로 (신분, 성별, 종족, 빈부 등) 차별하지 않으시기 때문이다.

결론적으로 말하자면, 성도들은 자신이 종이든, 상전(주인)이든 이웃을 주님 대하듯 진실하고 성실한 마음으로 섬겨야 한다.

2. 생활 속의 이야기

한 교회를 20년 동안이나 잘 섬겼던 장로님과 권사님 부부가 있었다. 그들은 잉꼬부부로 소문이 나 있었고, 교회에서도 충성된 하나님의 일꾼들이었다. 그런데 어느 날 부흥회가 끝나자 이 두 부부가 부흥강사를 찾아왔다. 그리고 남편인 장로가 고개를 숙이고 자신의 죄를 고백하는 것이었다. 지난 20년 동안 자신이 아내에게 지독한 폭행을 습관적으로 행했다는 것이었다. 그리고 아내인 권사는 교회의 평안과 하나님의 영광을 위해서 이러한 사실을 20년 동안이나 숨겨왔다는 것이다. 그런데 집회 때에 하나님의 말씀을 듣고 자신의 죄가 얼마나 큰 것인가를 깨닫게 되었다는 것이다. 부인 권사는 20년 만에 감옥처럼 살아온 가정에서 참 평안과 자유를 누리게 된 것이다.

아직도 많은 그리스도인의 가정이 그리스도의 가정이 되지 못한 채 그저 살아가고만 있다. 가정은 하나님께서 이 땅에 허락하여 주신 가장 귀한 보금자리임에도 불구하고 말이다. 아내와 남편은 하나님이 주신 최고의 선물임에도 불구하고 가장 값싼 것으로 착각하고 살아가는 가정이 지금도 많다. 자녀들이 가장 귀한 존재라고 생각은 하면서도 아직도 많은 시간과 관심은 자녀보다는 돈에 더 신경을 쏟으며 살고 있다.

교회가 하나님의 가정이듯이, 가정은 곧 하나님의 교회다. 그러므로 가정 안에서 모두는 서로를 주님 대하듯 대하여야 하고, 모든 일들은 주님께 하듯이 행하여야 한다. 하나님께서 보금자리로 주신 가정이 회복이 되어야 우리의 삶이 회복이 된다.

3. 묵상을 위한 질문

(1) 아내의 순종이 먼저냐, 남편의 사랑이 먼저냐를 물어서는 안 되는 이유는 무엇인가?
(2) 모든 사람은 하나님 앞에서 평등한가?
(3) 서로를 섬기기 위한 좋은 방법은 무엇인가?
(4) 오늘날 우리 자녀들에게 가장 필요한 주의 교양과 훈계는 무엇인가?
(5) 가정에서 질서를 지킬 수 있는 제일 좋은 것은 무엇이라고 생각하는가?

4. 결단의 초청

어리석은 신앙인들은 교회와 가정을 분리해서 생각하곤 합니다. 그래서 때로는 교회를 위한다는 이유로 가정은 희생을 강요당하기도 했고, 상처를 입기도 했습니다. 그러나 이러한 생각들은 비성경적입니다. 바울은 가정생활이 그리스도를 섬기는 신앙생활과 분리될 수 없다는 진리를 분명하게 강조했습니다.

아내와 남편, 자녀와 부모, 주인과 종이 서로를 주님 섬기듯 피차 섬기며 사랑할 때에 가정은 회복이 됩니다. 가정이 살아나야 교회도 살아납니다. 그리스도 안에서 하나님의 구속의 은총을 경험한 성도는 자신이 속한 가정과 이웃들에게 섬김과 사랑의 모습을 증거해야 합니다. 이 일처럼 귀하고 복된 일은 없습니다.

제7과
그리스도인의 영적 전쟁
에베소서 6:10-24

1. 성경 이해

우리는 그리스도 안에서 새롭게 창조된 후, 하나님의 은혜로 이루어진 신령한 복을 받으며, 신령한 삶을 산다고 하더라도 대적자들로부터 항상 도전과 공격을 받으며 살아가고 있다. 따라서 하나님께서 이루어주신 거룩한 삶, 하나님께서 하나가 되도록 이루어주신 새로운 공동체, 가정의 온전한 회복 등을 지속적으로 유지해 가려면 하나님의 일들을 공격하는 "마귀의 간계를 능히 대적하기 위하여" 계속 싸움을 치루어야 한다.

영적 전쟁의 현실 (6:10-13)

제일 먼저 그리스도인은 하나님을 대적하는 마귀(사단)와 영적으로 싸우고 있는 존재임을 우선 깨달아야 한다. 그리스도인의 싸움은 "혈과 육을 상대하는 것이 아니요 통치자들과 권세들과 이 어둠의 세상 주관자들과 하늘에 있는 악의 영들을 상대"(11절)하는 것이다.

첫째로, 바울은 이 영적 싸움에 대적하기 위하여 "하나님의 전신 갑주를 입으라"고 했다 (11절). 그리스도인은 영적 전쟁에 참여하도록 하나님으로부터 부름을 받은 귀한 존재들이다. 이러한 영적 전쟁을 알고 있었던 바울은 자신의 편지에서 "내가 선한 싸움을 싸웠다"(디모데후서 4:7), "믿음의 선한 싸움을 싸우라"(디모데전서 6:12)와 같이 군사적인 용어를 사용했다. 그리스도인은 하나님의 부르심을 받아 사탄과 싸워야 하는 하나님의 군병이다.

둘째로, 그리스도인의 적은 악의 영들임을 알아야 한다. 악의 영은 마귀, 통치자, 권세, 어두움의 세상 주관자, 하늘에 있는 악한 영들이다 (12절).

승리하기 위하여 (6:10-19)

하나님의 자녀들도 사탄의 영향력 아래 있는 세상 속에서 살고 있기에, 이 영적 전쟁을 피할 수가 없다. 피할 수 없는 싸움이라면 당당히 싸워야 한다. 이 영적 전쟁은 주께서 이 땅에 오셔서 하셨던 일들을 성도들이 계속해야 하는 것이다. 성경은 "하나님의 아들이 나타나신 것은 마귀의 일을 멸하려 하심이니라"(요한1서 3:8)고 했다.

1. 주님 안에 서라 (10절)

영적 전쟁에는 전후방이 없다. 영적 전쟁에는 안전지대가 없다. 주님 안에서만이 안전하다. 그래서 바울은 "끝으로 너희가 주 안에서와 그 힘의 능력으로 강건하여지라"고 했다. 주 안에 있으면 주님의 능력으로 강건해지고 주님의 능력으로 보호받게 된다. 그 누구도 우리를 그리스도의 사랑에서 끊을 수 없기 때문이다 (로마서 8:35).

2. 승리를 확신하라 (13절)

바울은 비록 사탄의 세력이 인간의 힘으로는 당할 수 없을 만한 초자연적인 힘을 가지고 있다 하더라도, 영적 전쟁에서의 승리는 우리 것임을 확신해야 한다고 가르친다. 왜냐면 우리 주님께서 "우리를 거스르고 불리하게 하는 법조문으로 쓴 증서를 지우시고 제하여 버리사 십자가에 못 박으시고 통치자들과 권세들을 무력화하여 드러내어 구경거리로 삼으시고 십자가로 그들을 이기셨기" 때문이다 (골로새서 2:14-15).

3. 하나님의 전신갑주를 취하라 (13절)

왜 전신갑주가 필요한가? 하나님의 군병들은 하나님의 전신갑주로 무장되어 있어야 하나님께서 주신 능력을 잘 사용하게 되고, 하나님의 능력을 받았음에도 불구하고 하나님의 자녀는 약점을 소유하고 있기 때문에 그 약점을 보호해줄 보호장비가 절대적으로 필요하다.

진리의 허리띠를 띠라 (14절)

"허리띠를 띠라"는 말씀은 영적 전쟁에 참여할 만반의 준비를 다하라는 것이다. "진리의 띠"란 예수 그리스도에 관한 모든 진리와 하나님의 백성들이 알고 믿기를 원하는 모든 하나님의 진리를 말한다. 따라서 "진리의 띠를 띤다"는 말은 성경 말씀 속에 담겨진 모든 진리를 온전히 믿는 믿음을 소유함을 의미한다.

의의 호심경(가슴막이)을 붙여라 (14절)

호심경(가슴막이)이란 가슴부터 시작해서 허벅다리 위까지를 보호하기 위해서 입는 갑옷의 일부분이다. 이 호심경은 심장이나 폐와 같은 내장의 중요한 기관들을 적의 창이나, 칼이나, 화살로부터 보호하기 위하여 입는 것이다. 따라서 "호심경을 붙인"다는 말은 사탄과 싸워 이기기 위해서 우리의 기분과 감정을 조절하는 부분을 보호하라는 말이다. 그런데 바울은 "의의 호심경"이라는 단어를 사용했다. 우리의 감정이나 기분을 다스리고 보호하는 것은 의의 호심경밖에 없다는 것을 강조하는 것이다.

바울이 말하는 의는 하나님의 의다. 그러므로 "의의 호심경을 붙인다"는 것은 *나는 행위로가 아니라 믿음으로 의로움을 얻었다* 라는 확신을 갖는 것이다. 이러한 믿음이 있을 때에 하나님의 군병들은 마음을 흔들려는 사탄의 공격을 당당하게 물리칠 수 있게 되고, 잘못된 감정이나 기분에서도 자유롭게 된다.

평안의 복음이 준비한 신을 신으라 (15절)

숨겨진 무기에 발이 상하지 않도록 로마 군인들이 바닥에 쇠가 박힌 가죽 샌들을 신었던 것처럼, 바울은 우리의 발을 보호하기 위해서 신발을 신으라고 말한다. 발을 보호하는 이유는 두 발로 굳건히 서야 하기 때문이다. 굳건히 선다는 것은 사탄을 대적하기 위해서 용감하게 일어난다는 뜻이다. 바울은 "평안의 복음이 준비한 것으로 신을 신으라"고 했다 (15절).

이와 같은 표현은 복음을 통해서 얻어진 하나님과의 화평의 관계를 믿는 믿음을 소유하라는 뜻이다. 지금 나의 모습과 처지가 어떠하든지 *나는 하나님의 자녀가 되었다. 하나님께서 나와 함께 하시니 이제 나에게는 어떤 두려움도 없다* 라는 확고부동한 확신을 갖는 것이 평안의 복음의 신을 신는 것이다.

믿음의 방패와 구원의 투구로 무장하라 (16-17절)

우리는 "진리의 허리띠를 띠고," "의의 호심경을 붙이고," "평안의 복음이 준비한 것으로 신을 신어야 한다." 그러나 이것만으로는 사탄의 불화살을 소멸시킬 수가 없다. "믿음의 방패"와 "구원의 투구"까지 있어야 보호할 수가 있게 된다. 그래서 사탄이 우리의 가슴과, 허리와, 두 다리를 치지 않도록 믿음의 방패를 굳게 들어야 하고, 사탄의 불화살이 우리의 중심인 머리를 치지 않도록 구원의 투구를 쓰고 믿음의 방패도 들어야 한다.

"믿음의 방패"(16절)는 이 세상을 이기게 도와준다 (요한1서 5:4-5). 여기에서 말하는 믿음이란 우리의 믿음을 현실 속에서 적용하여 사탄의 온갖 훼방을 소멸시키는 능력을 말한다. 진리의 허리띠가 내가 믿는 믿음의 내용이 무엇인지를 분명하게 인식하는 것이라면, 믿음의 방패란 바로 그 믿음의 내용들을 내 삶 속에 적용시키는 것이다. 그러한 마귀의 공격 중에서 가장 심각한 공격은 하나님의 자녀의 머리를 공격하는 것이다. 즉 하나님의 자녀의 지적인 능력을 파괴하려는 것을 말한다. 따라서 하나님의 군병들은 구원의 투구를 쓰고서 머리를 보호해야 한다.

성령의 검을 가지라 (17절)

"성령의 검"은 하나님의 말씀이다. 사탄을 공격할 수 있는 유일한 무기는 성령의 검 곧 하나님의 말씀이다. 진리의 허리띠는 믿음의 내용을 분명하게 인식하는 것이요, 믿음의 방패는 믿음의 내용을 삶에 적용하는 힘을 말하는 것이라면, 성령의 검은 사탄의 공격에 그때그때 대처할 적합한 말씀을 준비하고 있는 것을 말한다.

성령 안에서 기도하라 (18-19절)

바울은 "모든 기도와 간구를 하되 항상 성령 안에서 기도하고 이를 위하여 깨어 구하기를 항상 힘쓰며 여러 성도를 위하여 구하라 또 나를 위하여 구"하라(18절)는 또 하나의 중요한 행동지침을 제시한다.

바울은 기도가 사탄과의 싸움의 방법임을 잘 알고 있었다. "성령 안에서 기도하라"는 말씀은 우리의 욕심이나, 감정이나, 생각에 따라서 기도하지 말고, 하나님의 뜻을 따라 기도하고, 성령님께서 공급하시는 능력 안에서 기도하라는 말씀이다 (로마서 8:26-27). 성령 안에서의 기도가 나를 변화시키고, 나를 무장시키고, 사탄의 견고한 진을 파괴하는 능력을 경험하게 한다.

마지막으로 바울은 하나님의 군사들이 서로를 위해서 기도하라고 한다 (18절). 성도를 위하여 구하고 또 나를 위하여 기도하라는 바울의 요청은 하나님의 군사들이 한 몸을 이루는 지체가 되었다는 사실을 강조한다. 따라서 서로 사랑하고 서로 돌보는 하나님의 군사가 되라는 뜻이다.

2. 생활 속의 이야기

달라스에서 웨이코로 가는 중간 지점에 커다란 자동차 폐차장이 있다. 그 자동차들도 한때는 모두 다 새 자동차였을 것이요, 한때는 멋진 모습으로 신나게 달리며 주인을 기쁘게 했던 멋진 자동차였을 것이다. 그런데 어느 날인가 사고로, 또는 고장으로 자동차의 기능을 전혀 발휘하지 못하는 폐물이 된 것이다.

우리의 신앙생활에도 이와 동일한 일들이 있을 수 있다. 신앙생활을 열심히 하던 한 때는 충성스러운 하나님의 일꾼으로서 놀라운 일들을 행하기도 했는데, 지금은 폐차장의 차들처럼 되어 버린 신앙인들이 있다. 처음에는 신실하고 열심 있는 하나님의 사람으로서 성령님의 쓰임을 받아 그리스도를 증거하며, 기도하며, 때로 능력을 행하던 사람이었는데, 지금은 폐차장에 버려진 쓸모 없는 차처럼 아무 것도 하지 않고 있는 신앙인들이 있다. 복음을 전하던 입술은 이제 굳게 닫쳤고, 하나님 보좌를 향해 드려지던 기도의 외침은 어디론지 사라져 버렸고, 주님의 이름으로 수고하던 손과 발들은 이미 마비된 지 오래 된 신앙인들이 있다. 예전에는 하나님을 기쁘시게 한 자랑스러운 신앙인이었는데 지금은 하나님의 마음을 슬프게 하는 신앙인이 되고 만 것이다.

오늘 우리에게 주신 생명의 말씀을 보면 그들이 그렇게 된 가장 중요한 원인이 영적 전쟁에서 승리하지 못한 것이었음을 쉽게 알 수 있다. 사탄의 공격을 물리치지 못하고, 악의 영과의 싸움에서 승리하지 못하면, 우리의 이름들도 부상자나 사상자의 명단에 들어가게 될 것이다.

3. 묵상을 위한 질문

(1) 마귀(사탄)는 무엇인가?

(2) 우리의 현실 속에 마귀(사탄)의 역사가 있다는 증거들은 무엇인가?

(3) 지금 나에게 가장 필요한 하나님의 전신갑주는 무엇인가?

(4) 우리는 사탄을 두려워해야 하는가? 아니면 무시해야 하는가?

4. 결단에의 초청

우리의 신앙생활이란 여가선용이나 단순한 종교생활이 아닙니다. 우리의 삶은 영적 전쟁입니다. 우리는 이 영적 전쟁에서 승리하도록 부르심은 받은 하나님의 군병입니다. 주 안에서 하나님의 능력으로 강건함을 입고 나아가 당당하게 승리하여 하나님께서 십자가에서 이루어 놓으신 승리를 이 땅에 확산시켜 나가야 할 사람들입니다. 하나님은 하나님의 자녀들이 패잔병이나 부상자가 되기를 원하지 않습니다. 그리스도인들은 악의 영들과의 전쟁에서 승리할 수 있습니다. 그리스도와 함께 승리할 수 있는 삶을 살기를 원하지 않습니까?

www.ingramcontent.com/pod-product-compliance
Lightning Source LLC
Chambersburg PA
CBHW010918040426
42444CB00016B/3448